Joseph Marx
30 Songs

High Voice / Medium Voice
Original Keys

On the cover: Gustav Klimt, *Blumengarten*, 1905-06

ISBN 978-1-4234-0566-5

HAL•LEONARD®
CORPORATION

7777 W. BLUEMOUND RD. P.O. BOX 13819 MILWAUKEE, WI 53213

Visit Hal Leonard Online at
www.halleonard.com

Joseph Marx

(1882-1964)

Continuing the tradition of the lied, Joseph Marx was thought by many to be the successor to Hugo Wolf. Marx's songs are characterized by thick orchestral textures and broad melodic lines, both of which draw heavily from the high romanticism and sensuality popular in Vienna around the beginning of the twentieth century. This art nouveau spirit in Vienna was known as Jugendstil.

Marx was born in 1882 in Graz, Austria, where he received his first music instruction from his family as a child. Despite this, his parents would later disapprove of his career choice to be a musician. After studying philosophy and other subjects he completed an advanced degree at Graz University in 1909. He then broke with his family to pursue his love for music. It was over the next several years that Marx would compose the majority of his songs, gaining him a favorable reputation in Viennese circles. By 1912 he had written 120 songs. In 1914 he landed a position at the Academy in Vienna as professor of music theory. He was eventually named director upon the Academy's reorganization in 1922. While maintaining his duties as a teacher, composer and performer, Marx also found time to write about music. He published music criticism in the *Neues Wiener Journal* and later the *Wiener Zeitung*. Marx also published a book of criticism and essays (*Betrachtungen eines romantischen Realisten*), a collection of essays (*Weltsprache Musik*) and textbooks on both counterpoint and harmony.

Although a contemporary of such composers as Arnold Schönberg, Edgar Varèse and Henry Cowell, Marx remained stylistically conservative throughout his life as a composer and never accepted the use of the twelve-tone, atonal or progressive elements employed by the avant-garde. He shared an aesthetic temperament with the great tonal composers of his day. Such composers as Richard Strauss, Gustav Mahler and Ottorino Respighi all received praise in his reviews for the newspaper.

In addition to 158 songs, Joseph Marx was also a composer of works for piano, organ, chorus, chamber ensemble and orchestra. None of these pieces, however, would gain the same place in the repertory as his songs.

Contents

12	Am Fenster
14	Bitte
16	Christbaum
19	Der bescheidene Schäfer
22	Der Gefangene
24	Der Ton
32	Die Begegnung
34	Die Elfe
38	Die tote Braut
42	Die Verlassene
29	Ein goldenes Kettlein
44	Ein junger Dichter denkt an die Geliebte
50	Es zürnt das Meer
52	Frage und Antwort
47	Hat dich die Liebe berührt
54	Japanisches Regenlied
56	Jugend und Alter
60	Lied eines Mädchens
62	Maienblüten
64	Marienlied
66	Nachtgebet
68	Nocturne
76	Sankta Maria
78	Schlafend trägt man mich in mein Heimatland
73	Selige Nacht
80	Ständchen
82	Und gestern hat er mir Rosen gebracht
86	Valse de Chopin
92	Waldseligkeit
94	Wanderers Nachtlied

Translations

Am Fenster

(At the Window)
from the *Italienisches Liederbuch* of Paul Heyse

Ich hab' empor gesehen und geglaubt,
im Fenster dort ging' auf der Sonne Glanz;
Die Brust noch drinnen, vor gelehnt das Haupt,
um's schöne Haar schlang sich ein Veilchenkranz.

Gib acht, Signor, daß ich dich nicht verwunde.
Du trägst der Liebe Waffen auf dem Haupt.
Zwei Löckchen sind auf deinem Haupt zu sehn,
blickst du empor, so ist's um dich geschehn.

*I looked up and thought that the sun's
splendor ascended there in the window.
Bosom still within, head leaning forward,
a wreath of violets entwined around her lovely hair.*

*Beware, Signor, that I do not injure you.
You carry the weapons of love on your head.
Two little curls can be seen on your head,
If you look up, something might happen to you, too.*

Bitte

(Plea)
poem by Hermann Hesse

Wenn du die Hand mir gibst,
die so viel Ungesagtes sagt,
hab' ich dich jemals dann gefragt,
ob du mich liebst?

Ich will ja nicht, daß du mich liebst,
will nur, daß ich dich nahe weiß,
und daß du manchmal
stumm und leis' die Hand mir gibst.

*When you give me your hand,
which says so unspeakably much,
have I ever asked you, then,
if you love me?*

*I do not want you to love me.
I only want to know that you are with me
and that you will sometimes
silently and gently give me your hand.*

Christbaum

(Christmas Tree)
poem by Ada Christen

Hörst auch du die leisen Stimmen
aus den bunten Kerzlein dringen?
Die vergessenen Gebete aus den
Tannenzweiglein singen?
Hörst du auch das schüchtern frohe,
helle Kinderlachen klingen?
Schaust auch du den stillen Engel
mit den reinen weißen Schwingen?
Schaust auch du dich selber wieder
fern und fremd nur wie im Traume?
Grüßt auch dich mit Märchenaugen
deine Kindheit aus dem Baume?

*Do you hear the soft voice, too,
coming from the little colored candles?
The forgotten prayers
singing from the tree branches?
Do you also hear the sound of children's
laughter—timid, happy, and bright?
Do you see the quiet angel
with the pure white wings?
Do you also see yourself again
from afar, even as a stranger in a dream?
Does your mouth greet you, too, with
fairytale eyes staring out of the tree?*

Translations by Gary Arvin

Der bescheidene Schäfer

(The Shy Shepherd)
poem by Weisse

Mein Schäfer, ach! der ist bescheiden!
Er liebt mich, zärtlich liebt er mich;
der Inbegriff von seiner Freuden,
sagt er mir öfter, sei nur ich.
Doch bleibt er alle Zeit bescheiden.
Jüngst ließ die Mutter uns allein.
Was denkst du, ist allsdann gescheh'n?
da stand er starr gleich einem Steine,
guckt' in den Hut und wollte geh'n;
und ach, wir waren ganz allein,
ganz allein, ganz alleine!
Mein Schäfer, ach, der ist bescheiden!

My shepherd, oh! He is so shy!
He loves me, tenderly he loves me.
The very essence of his joy,
he tells me often, is me alone.
But he is always so shy!
The other day mother left us alone.
What do you think happened then?
He just stood there motionless as a stone,
stared into his hat, and wanted to leave.
And, oh, we were alone!
All alone, mind you! Completely alone!
My shepherd, oh! He is so shy!

Der Gefangene

(The Prisoner)
poem by Graf

Tod, mit Blumen laß dein Tor bereiten,
aber störe nicht die weißen Segel meiner Träume,
die durch goldne Wellensäume
sanft schon nach dem Paradiese gleiten.
Laß verklingen sie wie Silberklang von Harfen,
laß verschweben sie wie Wolkenschatten,
sich verschleiern wie zwei tagesmüde Kinderaugen.

Death, adorn your door with flowers
but do not disturb the white sails of my dreams
that through borders of golden waves
gently glide toward paradise.
Let them fade away like the silver tone of harps,
let them float away like shadows of clouds,
veiling themselves like children's eyes,
tired at the end of a day.

Der Ton

(The Sound)
poem by Knut Hamsun

Es singt in tiefem Tone in mir
so schwer und an Gold so reich,
ich bin einem mächt'gen Herren gleich,
ein König in Mantel und Krone.
Lehnt stumm die Nacht an die Scheiben
dann singt mir der Goldlaut
durch Herz und Hirn,
verschlingt die Gedanken von Firn zu Firn.
Hinaus ins Weltentreiben.
Das trägt mich zu fremden Borden
wo Sterne im Reigen beisammem steh'n,
es will mir das Herz vor Glück vergehen,
zu langen brausenden Akkorden!

There is a deep sound within me
as dark and rich as gold.
I am like a powerful lord,
a king in robe and crown.
When night lies silently on the window,
a golden strain still sings within me
through soul and mind.
My thoughts run wildly from glacier to
glacier out into the earth's path.
It carries me to distant borders
where stars dance in a circle.
My heart wants to perish from happiness
to the sound of broad, roaring chords!

Die Begegnung

(The Encounter)
from the *Italienisches Liederbuch* of Paul Heyse

Ich bin durch einen schönen Wald gekommen,
wo grüner Lorbeer und Wachholder stand,
drin hab' ich einen Jüngling wahrgenommen,
der war mit Namen Herzensdieb, genannt.

Daß Ihr derselbe seid, hab' ich vernommen,
an Euren Farben hab' ich Euch erkannt;
an Eurer Schönheit kannt' ich Euch im Nu.
Man warnt vor Euch: Ich lache nur dazu.

I came through a lovely forest
where green laurel and junipers grow.
In it I noticed a young man
who was called by the name "Heart's Thief."

I have concluded that you are he.
By your colors I recognized you.
By your beauty I knew you in an instant.
I was warned about you but I just laugh at it.

Die Elfe

(The Elf)
poem by Eichendorff

Bleib bei uns!
Wir haben den Tanzplatz im Tal,
bedeckt von Mondenglanze,
Johanniswürmchen erleuchten den Saal,
die Heimchen spielen zum Tanze.

Die Freude, das schöne leichtgläub'ge Kind,
es wiegt sich in Abendwinden;
wo Silber über die Zweige rinnt,
sollst du die Schönste finden.

Stay with us!
We have a dance floor in the valley,
blanketed with the moon's radiance.
Glow-worms brighten up the hall,
the crickets play for the dance.

Joy, that lovely, gullible child,
sways in the evening breezes.
Where silver spills over the branches
you will find the loveliest one!

Die tote Braut

(The Dead Bride)
from the *Italienisches Liederbuch* of Paul Heyse

Und wenn ich werd' im Sarg gebettet liegen,
bringt mir die Kerze der,
für den ich glühte.
und wenn die Bahre
mich hat aufgenommen,
wird mein Geliebter in die Kirche kommen.
Und wenn er weint vor großem Kummer,
dann, schlag' ich die Augen auf
und lächl' ihn an.
Und wenn er lacht um seine tote Braut,
schlag' ich die Augen auf und weine laut,
Und wenn er spricht!
Ach Herz, ich liebte dich!
Seh' ich ihn an und sag:
O bete nun für mich!

And when I will lie resting in the coffin,
he, for whom I glowed,
will bring me the candle.
And when the funeral bier
has claimed me,
my beloved will come into the church.
And if he weeps from great sorrow,
then I will open my eyes
and smile at him.
And if he laughs about his dead bride,
I will open my eyes and cry aloud.
And if he says,
"Ah, heart, I loved you!"
I shall look at him and say:
"O pray for me now!"

Die Verlassene

(The Forsaken One)
from the *Italienisches Liederbuch* of Paul Heyse

Sonst plaudert ich mit Euch
die Zeit entfloh,
jetzt bin ich nicht mehr wert,
Euch nur zu sehn.
Wenn wir uns damals trafen irgendwo,
senkt' ich die Augen
und mein Herz war froh.
Jetzt, da mir Eure Liebe ward entrissen,
senk' ich die Augen,
die der Tod wird schließen.
Jetzt, da mir ward entrissen
all mein Heil,
senk' ich die Augen
Sterben ist mein Teil.

I used to chat with you,
time went by.
Now I am no longer worthy
even to see you.
When we met somewhere back then,
I lowered my eyes
and my heart was happy.
Now since your love was torn away from me,
I lower my eyes
which death will close.
Now since all my salvation
was torn away from me,
I lower my eyes.
Dying is my fate.

Ein goldenes Kettlein

(A Little Golden Necklace)
poem by Graf

Acht der winzigen Perlen
enthält das goldene Kettlein;
so magst der Tränlein du acht
senden mir einstens ins Grab.
Trag es nur immer am Tag
verborgen vom schützenden Kleide,
wie du sorgsam verbargst
unser Geheimnis der Welt.
Doch in verschwiegenen Nächten,
o trag es zum süßen Gedenken,
daß der Spender so oft
nächtlich am Hals dir hing.

Eight of the tiniest pearls
form the little golden necklace,
just as you may someday send
eight little tears to my grave.
By day wear it
safely concealed by your dress
as you cautiously concealed
our secret from the world.
But in the secretive nights
oh wear it to sweetly remember
that the giver so often
at night embraced your neck.

Ein junger Dichter denkt an die Geliebte

(A young poet thinks of his beloved)
from the Chinese poem of Sao-han

Der Mond steigt aufwärts,
ein verliebter Träumer,
um auszuruhn in dem Blau der Nacht.
Ein feiner Windhauch küsst den blanken
Spiegel des Teiches, der melodisch sich bewegt.
O holder Klang, wenn sich zwei Dinge einen,
die um sich zu vereinen sind geschaffen.
Ach, was sich zu vereinen ist geschaffen,
vereint sich selten auf der dunkeln Erde!

The moon ascends,
an enamored dreamer,
to rest in the blue of the night.
A delicate breath of wind kisses the shiny
mirror of the pond that tunefully ripples.
O precious sound when two things unite
that were created to unite.
Ah, what was created to unite
so rarely unites on this dark earth!

Es zürnt das Meer

(The Sea Rages)
from the *Italienisches Liederbuch* of Paul Heyse

Es zürnt das Meer, es zürnt die Felsenküste,
es zürnen alle Sterne mit der Sonne.
Es zürnt mit mir, der sonst mich freundlich grüßte;

die bösen Zungen haben's angesponnen.
Könnt' ich mit Feuers Glut sie all' verheeren,
wie Flammen dürres Haidekraut verzehren!

The sea rages, the rocky coast rages,
all the stars rage as well as the sun.
He who used to greet me in a friendly manner
now rages against me
The evil tongues have provoked it.
Oh if I could destroy them all with fire's heat
like flames consume parched heather!

Frage und Antwort

(Question and Answer)
poem by Rückert

So lang ich werde: "Liebst du mich, o Liebster" dich fragen,
so lange sollst: " Ich liebe dich, o Liebste" mir sagen.
Werd ich mit Blicken: "Liebst du mich, o Liebster" dich fragen,
mit Küssen sollst: "Ich liebe dich, o Liebste" mir sagen.
Und wird ein Seufzer: "Liebst du mich, o Liebster" dich fragen,
ein Lächeln soll: "Ich liebe dich, o Liebste" mir sagen.

As long as I will ask you, "Do you love me, oh my love?"
you should say to me, "I love you, oh my love!"
If I ask with glances, "Do you love me, oh my love?"
you should answer with kisses, "I love you, oh my love!"
and if a sigh asks you, "Do you love me, oh my love?"
your smile should reply, "I love you, oh my love!"

Hat dich die Liebe berührt

(If Love Has Touched You)
poem by Paul Heyse

Hat dich die Liebe berührt,
still unter lärmendem Volke,
gehst du in gold'ner Wolke,
sicher vom Gott geführt.
Nur wie verloren umher,
lässest die Blikke du wandern,
gönnst ihre Freuden den andern,
trägst nur nach einem Begehr.
Scheu in dich selber verzückt,
möchtest du leugnen vergebens,
daß nun die Krone des Lebens,
strahlend die Stirn dir schmückt.

If love has touched you
quietly amid the noisy crowds,
you will walk on a golden cloud,
safely guided by God.
As if lost,
you let your glances wander,
allowing others to enjoy their pleasures
while you have only one desire.
Timidly repressing your ecstasy,
you attempt, in vain, to deny
that the crown of life now
radiantly adorns your brow.

Japanisches Regenlied

(Japanese Rainsong)
anonymous Japanese poem

Wo ich ferne des Mikane
hohen Gipfel ragen seh',
fällt der Regen endlos nieder,
nieder endlos fällt der Schnee.

Ganz so endlos wie der Regen
und der Schnee vom Himmel taut,
ist auch endlos meine Liebe,
seit ich Dich zuerst erschaut.

Far from Mikane, where
I see a high peak towering,
the rain endlessly falls,
endlessly falls the snow.

Just as endlessly as the rain
and snow fall from heaven
my love for you is endless
since I first saw you.

Jugend und Alter

(Youth and Old Age)
anonymous German translation of Walt Whitman's poem

Jugend du große, sehnende, liebende!
Jugend voll Anmut
Jugend voll Kraft und Zauber!
Weißt du, daß das Alter nach dir kommt?
Daß es kommen kann mit gleicher Kraft
und gleichem Zauber?
Du voll erblühter glänzender Tag!
Tag der Sonne, Tag des Lachens,
Tag der Liebe, Tag der Taten!
Die Nacht kommt schnell mit Millionen Sternen,
mit Schlaf und süßem Dunkel.

Youth, large, lusty, loving!
Youth full of grace!
Youth full of strength and fascination!
Do you know that Old Age comes after you?
That it can come with equal strength
and equal fascination?
You full-bloomed, radiant day!
Day of sun. Day of laughter.
Day of love. Day of actions!
Night comes quickly with millions of stars,
with sleep, and tender darkness.

Lied eines Mädchens

(Song of a Girl)
poem by Wladimir von Hartlieb

Du dunkle Sehnsucht meiner Tage,
du meiner Nächte lichter Traum
Ich blühe wie ein Frühlingsbaum
voll Drängen, daß er Früchte trage.

Schon deckt die grünen Maienhage
ein sonnenheller Blumensaum
O meiner Sehnsucht lichter Traum
O dunkle Sehnsucht meiner Tage!

You dark yearning of my days,
you bright dream of my nights!
I blossom like a tree in spring,
so full of longing that it would bear fruit.

The green slopes of May are already covered
with a border of flowers bright as the sun.
Oh bright dream of my yearning,
oh dark yearning of my days!

Maienblüten

(May Blossoms)
poem by Jacobowsky

Duld' es still, wenn von den Zweigen,
Blüten wehn ins fromme Haar,
und sich sacht hernieder neigen,
Lippenpaar auf Lippenpaar.
Sieh ein Leben süß und wunderlich
rinnt durch übersonnte Blätterreihn,
alle Blüten, die sie nieder streuen,
Frühling breiten sie auf dich und mich.

Quietly endure it, when from the branches,
blossoms drift into your lovely hair
and bow down gently
two pair of lips, one on the other.
See a sweet and wondrous life
flowing through sun drenched rows of leaves.
All the blossoms that fall,
spring is spreading for you and me.

Marienlied

(Song to Mary)
poem by Novalis

Ich sehe dich in tausend Bildern
Maria lieblich ausgedrückt,
doch kein's von allen kann dich schildern,
wie meine Seele dich erblickt.
Ich weiß nur, daß der Welt Getümmel,
seitdem mir wie ein Traum verweht,
und ein unnennbar süßer Himmel
mir ewig im Gemüte steht.

I see you in a thousand pictures,
Mary, beautifully portrayed
Yet none of them can depict you
as my soul envisions you.
I only know that the world's tumult
vanishes like a dream since that time
and an unspeakably sweet heaven
forever dwells in my soul.

Nachtgebet

(Night Prayer)
poem by Hess

O sähst du mich jetzt beten
zu deinen heilig tiefen Augen,
die fragend zu mir flehten wie nach Liebe;
du schlössest deine tiefen Augen,
daß ich nicht drein vergehe, wie in Liebe.
O sähst du wie ich bete
zu deiner kinderfrohen Seele,
es schwiege deine Kinderseele,
daß sie nicht untergehe in meiner Liebe.

Oh, if you saw me praying now
to your deep, holy eyes
that plead to me as if asking for love,
you would close your deep eyes
so I would not lose myself in them as in love.
Oh, if you saw me praying
to your soul, cheerful like a child,
that childlike soul would be silent
so that it would not drown in my love.

Nocturne

poem by Otto Erich Hartleben

Süß duftende Lindenblüte
in quellender Juninacht.
Eine Wonne aus meinem Gemüte
ist mir in Sinnen erwacht.
Als klänge vor meinen Ohren
leise das Lied vom Glück,
als töne, die lange verloren,
die Jugend leise zurück.
Süß duftende Lindenblüte
in quellender Juninacht.
Eine Wonne aus meinem Gemüte
ist mir zu Schmerzen erwacht.

Sweetly fragrant linden blossoms
in the flowing June night
awakened in my being
a feeling of rapture.
There sounded in my ears
a song of happiness
as if long lost
youth gently resounded.
Sweetly fragrant linden blossoms
in the flowing June night
awakened in my being
a feeling of pain.

Sankta Maria

(Sancta Maria)
poem by Alfred Mombert

Leise hör' ich dich singen
Sankta Maria.
Mein Mund ist wund und weh,
ich habe ihn geküßt.
Mein Leib ist krank und kalt
ich habe ihn gewärmt.
Mein Herz ist hohl und tot;
ich habe ihn geliebt.
Leise, wie im Traume hör' ich dich singen
Sankta Maria.

Softly I hear you singing
Sancta Maria.
My mouth is wounded and sore;
I have kissed him.
My body is sick and cold;
I have warmed him.
My heart is hollow and dead;
I have loved him.
Softly, as in a dream, I hear you singing
Sancta Maria.

Schlafend trägt man mich in mein Heimatland

(Sleeping, I am carried into my Homeland)
poem by Alfred Mombert

Schlafend trägt man mich,
in mein Heimatland.
Fern komm ich her,
fern komm ich her,
fern über Gipfel und Schlünde,
über ein dunkles Meer
in mein Heimatland,
in mein Heimatland.

Sleeping, I am carried
into my homeland.
I come from afar,
I come from afar,
from afar over mountains and valleys,
over a dark sea,
into my homeland,
into my homeland.

Selige Nacht

(Blissful Night)
poem by Otto Erich Hartleben

Im Arm der Liebe schliefen wir selig ein.
Am offnen Fenster lauschte der Sommerwind,
und uns'rer Atemzüge Frieden
trug er hinaus in die helle Mondnacht.
Und aus dem Garten tastete zagend sich
ein Rosenduft an uns'rer Liebe Bett
und gab uns wundervolle Träume.
Träume des Rausches so reich an Sehnsucht.

In the arms of love we fell blissfully asleep.
The summer wind eavesdropped at the open window
and carried the peace of our breathing into
the brightly moon-lit night.
And from the garden a scent of roses
cautiously found its way to our bed of love
and gave us wonderful dreams,
dreams of ecstasy, so full of desire.

Ständchen

(Serenade)
from the *Italienisches Liederbuch* of Paul Heyse

Gute Nacht, geliebtes Leben,
ruf' ich dir in's Fensterlein,
und dann geh' ich meiner Wege
ach, im Traum gedenke mein!
Denn du weißt ja, dir ergeben,
muß mein Herz in Qualen beben;
Gute Nacht, geliebtes Leben
ach im Traum gedenke mein!

Good night, beloved life.
I call into your little window
and then I will go on my way.
Ah! Think of me in your dreams!
Because you surely know that, devoted to
you, my heart must quiver in torment.
Good night, beloved life.
Ah! Think of me in your dreams!

Und gestern hat er mir Rosen gebracht

(And yesterday he brought me roses)
poem by Lingen

Und gestern hat er mir Rosen gebracht,
sie haben geduftet die ganze Nacht
für ihn geworben, der meiner denkt,
da hab ich den Traum einer Nacht ihm geschenkt
und heute geh ich und lächle stumm,
trag seine Rosen mit mir herum
und warte und lausche,
und geht die Tür, so zittert mein Herz,
ach käm' er zu mir
und küsse die Rosen die er mir gebracht
und gehe und suche den Traum der Nacht!

And yesterday he brought me roses.
They have given off their fragrance the
whole night, wooing him who thinks of me
and so I presented him the dream of a night
and today I wander smiling silently,
carrying his roses around with me
and I wait and listen
and if I hear the door my heart trembles.
Oh if only he would come to me!
and I kiss the roses that he brought me
and I go and seek the dreams of that night!

Valse de Chopin

(Waltz in the style of Chopin)
from *Pierrot lunaire* by Albert Giraud

Wie ein blasser Tropfen Blut's,
färbt die Lippen einer Kranken,
also ruht auf diesen Tönen
ein vernichtungssücht'ger Reiz.
Wilder Lust Akkorde tönen,
der Verzweiflung eis'gen Traum.
Wie ein blasser Tropfen Blut's
färbt die Lippen einer Kranken.
heiß und jauchzend,
süß und schmachtend,
melancholisch düstrer Walzer,
kommst mir nimmer aus dem Sinn.
Haftest mir in den Gedanken,
wie ein blasser Tropfen Blut's.

As a pale drop of blood
stains the lips of a sick woman,
so rests upon these sounds
an ultimately fatal fascination.
Chords of wild desire sound
the icy dream of despair
as a pale drop of blood
stains the lips of a sick woman.
Feverish and jubilant,
sweet and languishing,
melancholy, gloomy waltz
that never leaves my mind
clinging to my thoughts
like a pale drop of blood.

Waldseligkeit

(Bliss in the Forest)
poem by Richard Dehmel

Der Wald beginnt zu rauschen,
den Bäumen naht die Nacht;
als ob sie selig lauschen,
berühren sie sich sacht.
Und unter ihren Zweigen,
da bin ich ganz allein,
da bin ich ganz mein eigen,
ganz nur dein.

The forest begins to rustle,
night descends upon the trees
as if they blissfully eavesdrop,
gently touching each other.
And under their branches
here I am completely alone,
here I am completely myself,
yet completely yours.

Wanderers Nachtlied

(Wanderer's Night Song)
poem by Goethe

Der du von dem Himmel bist,
alles Leid und Schmerzen stillest,
den, der doppelt elend ist,
doppelt mit Erquikkung füllest,
ach, ich bin des Treibens müd!
was soll all der Schmerz, die Lust?
Süßer Friede, komm,
ach komm in meine Brust!

You who come from heaven,
who relieve all sorrow and pain,
you who bring to the doubly miserable
a double measure of relief,
ah, I am tired of wandering!
What does all this pain and desire mean?
Sweet peace, come,
ah, come into my heart!

Am Fenster

poem by Paul Heyse

Bitte

poem by Hermann Hesse

Nicht zu langsam: sehnsüchtig.

Wenn du die Hand mir gibst, die so viel Un-ge-sag-tes sagt, hab' ich dich je-mals dann ge-fragt, ob du mich liebst?_____ Ich will ja

Komponiert 1907

Christbaum

poem by Ada Christen

Langsam und sehnsüchtig.

Hörst auch du die lei - sen Stim - men aus den bun - ten Kerz - lein

drin - gen? Die ver - ges - se - nen Ge - be - te aus den Tan - nen-zweig - lein

sin - gen?

fern   und fremd nur   wie   im Trau - me?   Grüßt auch dich mit Mär -

- - chen - au - gen   dei - ne Kind - - heit   aus   dem

Bau - - me?   Dei - ne Kind - - heit aus dem

Bau - - me.

nach und nach immer langsamer

Der bescheidene Schäfer

poem by Weisse

Komponiert 1910

Der Gefangene

poem by Graf

Tod, mit Blu - men laß dein Tor be - rei - ten, a - ber

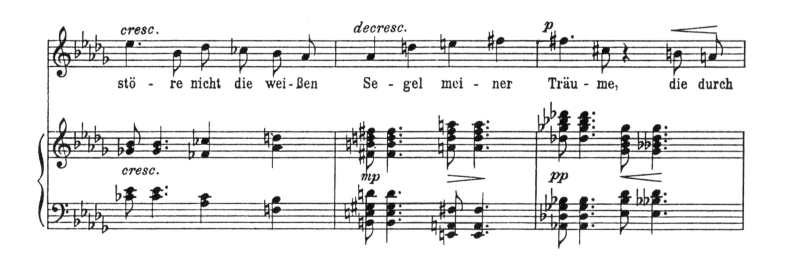

stö - re nicht die wei - ßen Se - gel mei - ner Träu - me, die durch

gol - dne Wel - len - säu - me sanft schon nach dem Pa - ra - die - se

Komponiert 1907.

Der Ton

poem by Knut Hamsun

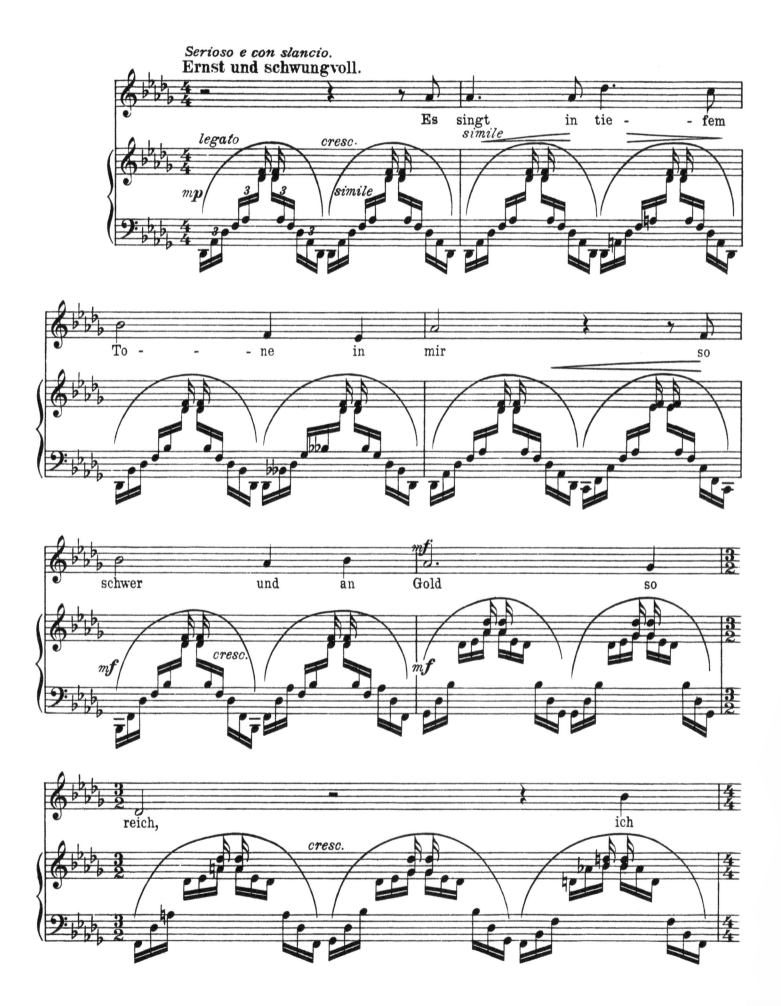

Wieder rascher *più presto*

steh'n, *decresc.* es will mir das Herz vor

cresc.

piū lento langsamer

Glück ver - ge - hen, zu lan - - - - - -

Breit - - - - gen brau - - sen - den Ak -

Breiter più largo

kor - - - - - - - - den!

a tempo *accel.*

r.H.

Komponiert 1910.

Ein goldenes Kettlein

poem by Graf

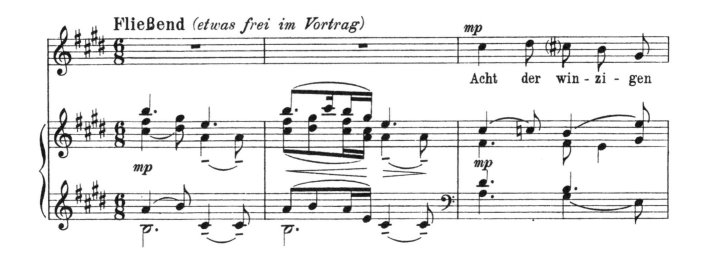

Acht der win - zi - gen

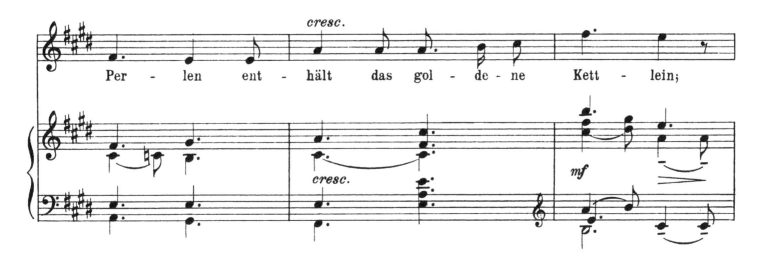

Per - len ent - hält das gol - de - ne Kett - lein;

so magst der Trän - lein du acht

sen - den mir ein - stens ins Grab.

a tempo (etwas fließender)

Trag es nur im - mer am

Tag ver - bor - gen vom schüt - zen - den

Klei - de, wie du sorg - sam ver - bargst un - ser Ge - heim - nis der

Welt. Doch in ver-schwie-ge-nen Näch - - ten, o

trag es zum sü - - ßen Ge - den - - ken,

daß der Spen-der so oft

nächt-lich am Hals dir hing.

Komponiert 1908.

Die Begegnung

poem by Paul Heyse

Leicht fließend.

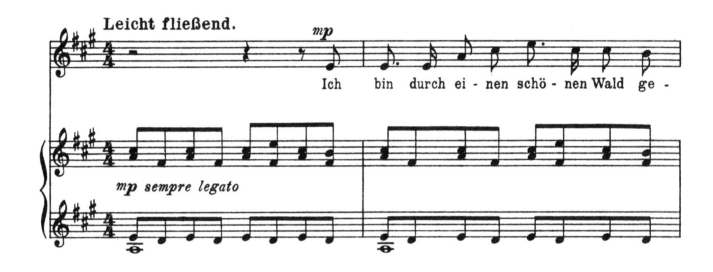

Ich bin durch ei - nen schö - nen Wald ge -

kom - men, wo grü - ner Lor - beer und Wach - hol - der stand, drin

hab' ich ei - nen Jüng - ling wahr ge - nom - men, der war mit Na - - men

Her-zens-dieb, ge - nannt. Daß Ihr der -

sel - be seid, hab' ich ver - nom - men, an Eu - ren Far-ben hab' ich Euch er -

kannt; an Eu - rer Schön-heit kannt' ich Euch im Nu. Man

warnt vor Euch: Ich la - che nur da - zu.

Die Elfe

poem by Eichendorff

Rasch und heimlich.

Bleib___ bei uns!___

stacc. *rit.* *a tempo* *sempre stacc.*

etwas langsamer

Wir ha - ben den Tanz - platz im Tal, be -

poco rit. *nach und nach legato*

etwas rascher

deckt von Mon - den - glan - ze, Jo - han - nis - würm - chen er -

cresc. *rit.e decresc.* *mf stacc.*

leuch - ten den Saal, die Heim - chen spie - len zum

Etwas langsamer

brillant *legato cresc.*

Tan - ze.

f

★ vi -

rit. *geheimnisvoll*

mf *mp a tempo* *p*

sempre p

*) Dieses Zwischenspiel kann bei Aufführungen weggelassen werden.

Komponirt 1909.

Die tote Braut

poem by Paul Heyse

39

Die Verlassene

poem by Paul Heyse

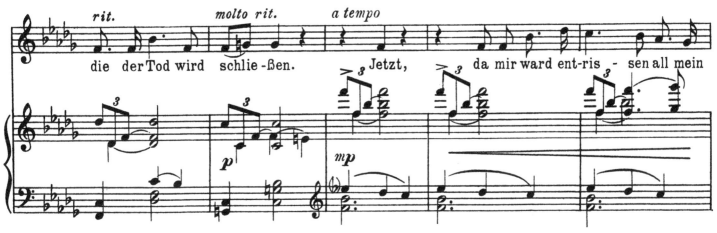

Ein junger Dichter denkt an die Geliebte

from the Chinese poem of Sao-han

Langsam.

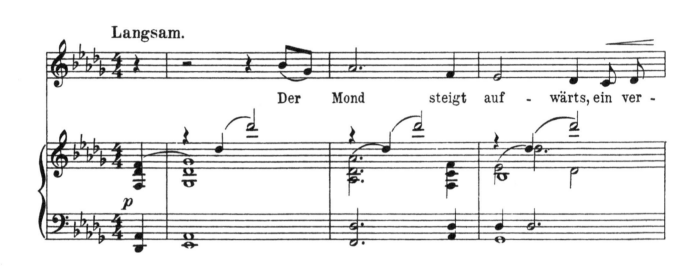

Der Mond steigt auf - wärts, ein ver -

lieb - - ter Träu - mer, um aus - zu - ruhn in dem Blau der

Nacht.

Ein fei - ner Wind - hauch

die um sich zu ver - ei - nen sind ge - schaf - fen.

sempre legato

cresc.

f assai

mf e legato

Ach, was sich zu ver - ei - nen ist ge -

mp

schaf - fen, ver - eint sich sel - ten auf der dun - keln

cresc.

Er - - de!

Belebend.

decresc. e rit.

mf rit.

f

mp

Komponirt 1909.

Hat dich die Liebe berührt

poem by Paul Heyse

her, läs - sest die Blik-ke du wan - dern, gönnst ih - re

Freu - den den an - dern, trägst nur nach ei - - - nem Be-

gehr.

Scheu in dich sel - ber ver - zückt,

49

Komponiert 1908

Es zürnt das Meer

poem by Paul Heyse

an - ge-spon - nen. Könnt' ich mit Feu-ers Glut sie all'

ver - hee - ren, wie Flam - men dür - res

Hai - de-kraut ver - zeh - ren!

Frage und Antwort

poem by Rückert

*) Diese in kleinen Noten angeführte Stimme ist nur bei Benützung des tieferen ossia der Singstimme mitzunehmen.

Komponiert 1909

Japanisches Regenlied

anonymous Japanese poem

Langsam

Wo ich fer-ne des Mi - ka - ne ho - hen

pp sempre legato

p

Gip - fel ra - gen seh', fällt der Re - gen

p

p

mp (p)

end - - los nie - der, nie - der end - los

p

cresc.

fällt der Schnee.

Ganz so end - los wie der Re - gen und der Schnee vom

Him - mel taut, ist auch end - los mei - ne Lie - be,___ seit ich

Dich zu - erst er - schaut.

Komponiert 1909

Jugend und Alter

anonymous German translation of a poem by Walt Whitman

stronger *steigernd*

Tag der Ta - - - ten!

Ruhiger. calmer

poco rit.

Die Nacht kommt schnell _____ mit Mil-

59

Komponiert 1909. Ursprünglich mit Orchesterbegleitung

Lied eines Mädchens

poem by Wladimir von Hartlieb

Komponiert 1910

Maienblüten

poem by Jacobowsky

wun - der - lich rinnt durch ü - ber - sonn - te

Blät - ter-reihn, _____ al - le Blü - ten, die sie

nie - der streu - en, Früh - lingbreiten sie auf dich und _____

mich.

Komponiert 1909

Marienlied

poem by Novalis

Komponiert 1909

Nachtgebet

poem by Hess

ge - he, wie in Lie - be.

Langsamer. a tempo

mf mp mf cresc.

legato

sähst du wie ich be - te zu dei - ner kin - der - fro - hen See - le,

steigernd

f decresc.

(frei im Vortrag)

es schwie - ge dei - ne Kin - der - see - le, daß sie nicht

Langsamer.

mf mp

rit. (breit und steigernd)
(cresc.)

un - ter - ge - he in mei - ner Lie - be.

rit. a tempo

mf rit. mf legato mp mp pp

mf

Komponiert 1910

Nocturne

poem by Otto Erich Hartleben

In fließender Bewegung *(nicht schleppend).*

sempre poco rubato e legatissimo

Süß duf - ten - de

Lin - - - den - blü - te in quel - len - der

Ju - - - ni - nacht. Ei - ne

Won - - - - ne aus mei - nem Ge -

*) In diesem Stück ist die metrische Doppelgliederung (bei aller Rubato-Freiheit des Vortrags) derart zu berücksichtigen, daß den ersten 3 (oder 4) Achteln immer eine entsprechend lange Zeitstrecke in der zweiten Takthälfte entspricht, also nicht etwa aus dem 2/2- ein 7/8-Takt wird. Von dieser Feststellung werden Vortrags-Rubatos und Ritardandos natürlich nicht mit betroffen.

mü - - - - te

ist mir zu Schmer - - zen er -

wacht:___

Komponiert 1911
Frau Anna gewidmet

Selige Nacht

poem by Otto Erich Hartleben

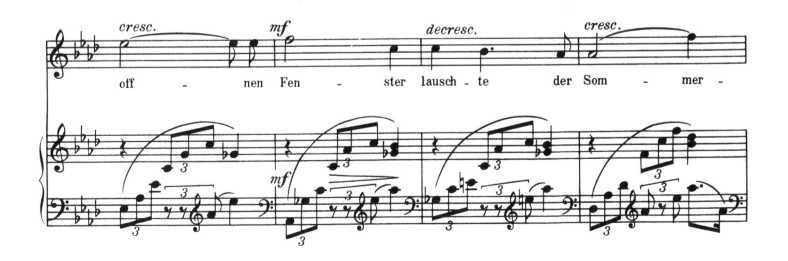

Sankta Maria

poem by Alfred Mombert

Schlafend trägt man mich in mein Heimatland

poem by Alfred Mombert

Komponiert 1911.

Ständchen

poem by Paul Heyse

Und gestern hat er mir Rosen gebracht

poem by Lingen

lau - sche, und geht die Tür,____ so zit - tert mein

Herz,____ ach käm' er____ zu mir,____

ach käm' er zu mir____

85

Komponiert 1909

Valse de Chopin

poem by Albert Giraud

Komponiert 1909

Waldseligkeit

poem by Richard Dehmel

Lyrics under the staves:
Und

un - ter ih - ren Zwei - gen, da bin ich ganz al -

lein, _____ da bin ich ganz mein ei - gen,

ganz nur dein. _____

Komponiert 1911

Wanderers Nachtlied

poem by Goethe

Der du von dem Him-mel bist, al-les Leid und Schmer-zen stil-lest,

Komponiert 1906